KB210993

소통과 갈등 해결

Communication and Conflict Resolution

본문에 사용된 성경은 개역개정을 사용하였습니다

소통과 갈등 해결

Communication & Conflict Resolution

스튜어트 스캇 **지음** | 황해국 **옮김**

드림북

목 차

좋은 소통이란
GOOD COMMUNICATION

부부의 결혼생활에서 맞이하는 큰 어려움 중 하나는 부족한 소통이다. 좋은 부부 관계를 유지하는 것은 서로의 메시지를 얼마나 정확하게 주고받을 수 있는가에 달려 있다. 말씀을 들여다보면 하나님의 관점으로 소통하는 방법은 결국 영적이고, 목적의식이 있고, 간결하며, 시기에 맞는 메시지를 전달하는 것임을 알 수 있다.

　소통은 결혼생활 안에서 다양한 책임과 관계들을 만들어가기 위해 사용되는 수단이다. 소통 없이는 대화의 주제를 말할 수도, 갈등을 해결할 수도 없을 것이다. 우리가 서로에게 어떻게 소통하는지에 따라 좋은 결과를 가져오기도 하고 때로는 안 좋은 결과를 가져오기도 한다. 만약 제대로 소통하지 못하면, 결혼생활에 부정적인 영향을 가져오게 될 것이다. (일부는 웨인 맥 Wayne Mack의 책, "Strengthening your marriage" 내용을 인용하였다.)

소통의 부족으로 인한 부정적인 영향은 아래와 같다.

- 그리스도를 증거하지 못하고 하나님께 영광을 돌리지 못하게 된다.
- 관계는 피상적이고 껄끄러운 상태가 된다.
- 불화와 갈등이 잦아진다.
- 문제들을 해결하지 못한 상태로 남기게 된다.
- 잘못된 생각들을 바로잡지 못한다.
- 쓴 뿌리가 자리 잡기 시작한다.
- 지혜로운 의사결정을 내리지 못한다.
- 혼외의 관계에서 만남을 이루려고 하는 유혹이 커진다.

반대로 하나님을 영화롭게 하는 방법으로 소통하게 된다면, 결혼생활에 긍정적인 영향을 가져오게 된다.

좋은 소통으로 인한 긍정적인 영향은 아래와 같다.

- 그리스도를 증거함으로 하나님께 영광을 돌리게 된다.
- 관계는 견고해지고 더욱 의미가 생긴다.
- 함께 하는 시간과 하나가 됨이 더욱 즐거워진다.
- 조화로운 관계가 된다.
- 의견의 불일치를 갈등 없이 금방 해결하게 된다.
- 문제들은 구체화하여 해결할 수 있다.
- 잘못된 생각들을 바로잡을 수 있다.
- 용서하고 신뢰하는 삶을 훈련받게 된다.
- 좋은 의사결정이 많아지게 된다.

하나님은 좋은 소통을 중요하게 생각하신다.

좋은 소통이 결혼한 부부 관계에서 중요하다는 사실보다 더 주목해야 할 것은 하나님께서 좋은 소통을 극도로 중요하게 보신다는 사실이다. 소통에는 그리스도인에게 필요한 인격인 자기 절제와 단련이 필요하기 때문이다. 소통은 자아를 다스리고, 우리의 혀와 육체, 그리고 감정이 진리를 거스르는 순간에 올바르게 반응하는 것을 포함한다. 소통은 하나님께 가장 중요한 부분인 우리의 마음에 집중한다. 우리의 마음에 무엇이 있는지에 따라 소통이 달라지기 때문에, 하나님은 소통을 통해 우리의 마음을 드러내게 하신다. 예수님께서는 아래와 같이 말씀하셨다.

독사의 자식들아 너희는 악하니 어떻게 선한 말을 할 수 있느냐 이는 마음에 가득한 것을 입으로 말함이라 [마태복음 12:34]

그리스도인의 삶에서 중요한 부분을 차지하기에 성경은

명령과 원칙을 통해 소통하는 방법을 알려주신다. (에베소서 4:25,29,31-32, 시편 141:3, 잠언 21:23, 25:11, 잠언 18:13,17을 참고하라).

아마도 소통에서 가장 중요한 요소는 우리의 말하기일 것이다. 이는 가장 드러나는 부분이기도 하다. 하나님은 말씀을 통해 사람이 자신의 혀를 제어할 수 있다면 그는 하나님의 사람이며 자신의 열정 또한 제어할 수 있다고 말씀하셨다.

> 우리가 다 실수가 많으니 만일 말에 실수가 없는 자라면 곧 온전한 사람이라 능히 온몸도 굴레 씌우리라
> [야고보서 3:2]

우리가 말하는 것과 어떻게 말하는지를 제어하는 태도는 하나님이 보시기에 중요한 덕목이며, 하나님께 영광을 돌리는 통로가 된다. 하지만 소통에 신중하지 않다면, 큰 피해를 가져오고 하나님께도 잘못하게 된다.

보라 얼마나 작은 불이 얼마나 많은 나무를 태우는가 혀는
곧 불이요 불의의 세계라 혀는 우리 지체 중에서 온몸을 더
럽히고 삶의 수레바퀴를 불사르나니 그 사르는 것이 지옥
불에서 나느니라 [야고보서 3:5b-6]

하나님이 기뻐하시지 않는 방법으로 소통하는 사람들은
그들이 하나님의 사람이라는 생각을 해서는 안 된다. 교회
에서 집사나 교회학교의 교사를 하고 있더라도 소통의 태
도에서 그 사람의 인격을 볼 수 있다. 우리의 입 밖으로 나
오는 것이 곧 우리의 마음에 있는 것이기 때문이다. 만약 정
말로 그리스도를 닮아가기 원한다면, 우리는 좋은 소통을
해야 할 것이다. 예수 그리스도의 소통 방식은 영적이고, 간
결하며, 목적이 있고, 시기에 맞는 소통이었다. 하나님의
도우심을 구하며, 영적인 소통을 위해 필요한 요건들과 과
정에 대해 알아보자.

좋은 소통의 여섯 가지 조건

첫째, 하나님을 기쁘시게 하는 것을 가장 우선순위로 삼아야 한다. 자기 삶의 방식대로 하는 것보다 하나님을 기쁘시게 하는 것을 소망하고 자신이 옳다고 여겨지는 것보다 하나님을 기쁘시게 하는 것을 소망해야 한다. 정당성을 입증하는 것보다 하나님을 기쁘시게 하는 것을 우선으로 해야 한다.

> 그런즉 우리는 몸으로 있든지 떠나든지 주를 기쁘시게 하는
> 자가 되기를 힘쓰노라 [고린도후서 5:9]

둘째, 겸손한 태도로 나가야 한다. 올바른 목적을 위한 소통에는 겸손이 필요하며, 다른 사람이 말한 것에 교만으로 반응하지 않아야 한다. 겸손한 사람은 인내할 줄 아는 사람이다. 당신이 겸손하다면 상대방이 당신의 말을 이해하지 못하거나, 다른 사람이 말하는 내용이 마음에 들지

않더라도 인내하며 나아가야 한다.

> 그러므로 주 안에서 갇힌 내가 너희를 권하노니 너희가 부
> 르심을 받은 일에 합당하게 행하여 모든 겸손과 온유로 하
> 고 오래 참음으로 사랑 가운데서 서로 용납하고 평안의 매
> 는 줄로 성령이 하나 되게 하신 것을 힘써 지키라 [에베소서
> 4:1-3]

셋째, 당신이 소통하는 모든 것을 하나님이 보고 계심을 인지해야 한다. 하나님은 우리가 말하는 모든 것을 듣고 계시며, 우리에게 말에 대한 책임을 물으실 것이다.

> 내가 너희에게 이르노니 사람이 무슨 무익한 말을 하든지
> 심판 날에 이에 대하여 심문을 받으리니 [마태복음 12:36]

넷째, 듣는 태도를 보여야 한다. 좋은 소통은 잘 듣는 것에 따라 결정된다. 야고보는 "사람마다 듣기는 속히 하고 말하기는 더디 하며 성내기도 더디 하라"고 말씀하신다 (야고보서 1:19). 우리가 말을 하는 것보다 더 많이 들어야

한다는 의미이다. 하지만 많은 경우에 우리는 갈등상황에 놓였을 때 말씀과는 반대로 행동하게 된다. 때로는 다른 사람이 한 마디도 받아치지 못하게 하기도 한다. 우리가 말을 많이 하게 되는 이유는 우리가 하는 말이 의미 있다고 생각하거나, 말하는 것을 좋아하거나, 혹은 스스로 옳다는 인정을 받고 싶은 이유일 수 있다.

만약 당신이 좋은 청취자가 아니라면, 듣는 도중 자의적인 결론에 이르게 될 것이다. 그렇게 된다면 잘못된 말을 하거나 잘못된 행동을 하게 될 수 있다. 우리는 다른 사람의 말을 진심으로 듣기 전에는 말을 하지 않아야 한다는 경고의 말씀을 기억해야 한다.

> 사연을 듣기 전에 대답하는 자는 미련하여 욕을 당하느니라 [잠언 18:13]

잘 듣는다는 것의 의미는 다음과 같다.

- 다른 사람이 하는 말에 집중하며 신중하게 생각하는 것
- 중간에 말을 자르지 않는 것 (예외가 있다면 절대 말을 쉬지 않는 사람이거나, 통제가 안 되는 경우)
- 다른 사람이 말을 하고 있을 때, 무슨 말을 할지 먼저 생각하지 않는 것
- 너무 많은 말을 하지 않되, 대화 중간에 쉬어가면서 다른 사람이 무슨 이야기를 할지 구성해서 말할 기회를 주는 것
- 중요한 대화 중에는 분명하게 확인하기 위해 다음과 같이 질문하는 것 : "다시 말씀해 주시겠어요?" / "더 설명해 주실 수 있나요?" / "지금 하신 말씀은 이런 의미인가요?"
- 다른 사람이 이야기할 때 떠들지 않는 것. 이러한 나쁜 태도는 마음을 상하게 한다.

다섯째, 소통에는 단어만 포함되는 것이 아님을 알아야 한다. 소통은 단어, 목소리 톤, 바디랭귀지, 행동 등을 포함

한다. 우리가 말하는 언어가 단지 하나의 언어적 수단이라는 것은 잘 알려진 사실이다. 목소리 톤과 바디랭귀지를 다르게 표현하는 경우, 같은 말도 상당히 다르게 들릴 수 있다. 예를 들어 '이쪽으로 와 보시겠어요?'라는 말을 화난 얼굴로 손가락질하면서 강조해서 말하게 되면 강한 어조로 느껴질 것이다. 하지만, 같은 말을 미소지으며 따뜻한 목소리 톤으로 전달하게 된다면 아주 다른 메시지를 전달하게 된다. 극단적으로 단어 이외의 비언어적 소통이 반대의 메시지를 전달하게 되면, 언어의 의미가 퇴색될 수도 있다.

주의해야 할 부분:

- 목소리의 볼륨
- 목소리 톤
- 표정
- 손짓
- 한숨이나 비웃음

- 동공의 움직임
- 놀라거나 불쾌한 표정
- 몸의 자세

당신의 배우자에게 질문해서 당신이 전달하고 있는 소통 중 오해를 사는 부분은 없는지 돌아보자.

소통에는 행동이 동반된다. 때로 우리의 행동은 언어보다 더 강력한 소통 수단으로 작용한다. 아내에게 '오늘 당신과 함께 시간 보내고 싶어요.'라고 말하고 마당이나 차고 안에서 머물고 있다면, 당신이 실제로는 어떠한 소통을 전달하고 있는지 돌아봐야 한다. 말하는 내용과 행동하는 내용이 같은 메시지를 전하고 있는지 확인하자. 올바른 말만 하는 것이 아니라 올바른 행동을 해야 한다.

그러므로 사람이 선을 행할 줄 알고도 행하지 아니하면 죄니라 [야고보서 4:17]

여섯째, 소통을 위한 노력과 시간을 투자해야 한다. 물론 몇몇 남편들은 다수 사람과의 대화를 어려워할 수 있다. 하지만 아내와 가족 구성원에게는 사랑과 양육의 마음으로 대해야 한다. 말을 적게 할수록, 다른 이들이 마음속 상태를 알기 어려워진다. 우리가 아프거나, 피곤하거나, 말을 잘하지 못한다고 해서 좋은 소통을 하지 않아도 되는 것은 아니다.

> 형제를 사랑하여 서로 우애하고 존경하기를 서로 먼저 하며 부지런하여 게으르지 말고 열심을 품고 주를 섬기라 소망 중에 즐거워하며 환난 중에 참으며 기도에 항상 힘쓰며 [로마서 12:10-12]

언어적 소통을 위한 성경적 원칙들

두 가지 일반적인 원칙

우리가 말하는 언어는 소통에서 큰 부분을 차지한다. 타

인과 소통하기 위해 지속해서 언어를 사용하기 때문이다. 하나님께서 언어에 대해서 언급하신 부분에 집중하는 것이 중요하다. 다윗왕과 그의 아들, 솔로몬 왕은 우리에게 두 가지의 원칙을 알려준다.

첫째, 우리는 우리의 입술을 지키기를 진심으로 소망해야 한다. 우리가 하는 말로 하나님을 영화롭게 하는 것을 강조해야 한다. 다윗왕은 다음과 같이 기도했다.

> 여호와여 내 입에 파수꾼을 세우시고 내 입술의 문을 지키소서 [시편 141:3]

둘째, 우리가 우리의 입술을 지키게 되면 여러 환난에서 벗어날 수 있다는 것을 알아야 한다. 솔로몬 왕은 "마음을 지키라"라는 조언과 함께 다음과 같이 이야기한다.

> 입과 혀를 지키는 자는 자기의 영혼을 환난에서 보전하느니라[잠언 21:23]

이러한 두 가지 원칙을 기억하고 말을 한다면 더 분명하게 언어를 다룰 수 있게 될 것이다. 언어소통에 대한 두 가지 원칙에 이어 그리스도의 소통 방식을 나타내는 네 가지 원칙을 설명하려고 한다. 예수님의 소통은 영적이고, 목적이 있으며, 분명하고 시기적절한 소통이었다.

네 가지 구체적인 원칙

첫째, 그리스도의 소통은 영적이며 진실하고 정의로운 소통이었다. 우리는 진실을 말해야 한다.

> 그런즉 거짓을 버리고 각각 그 이웃과 더불어 참된 것을 말하라 이는 우리가 서로 지체가 됨이라 [에베소서 4:25]

그리스도께서 말씀하신 모든 것은 완전한 진리였다. 믿는 자들로서 그분을 닮아가길 원한다면, 우리는 우리의 언어에 솔직해야 한다. 우리가 말하는 것에 어떠한 거짓도 들어가서는 안 되며, 하나님의 진리에 어긋나지 않아야 한다. 우리가 하는 말이 정확한지 돌아보며 신중해져야 한다. 하나님은 거짓말을 싫어하신다.

> 여호와께서 미워하시는 것 곧 그의 마음에 싫어하시는 것이 예닐곱 가지이니 곧 교만한 눈과 거짓된 혀와 무죄한 자의 피를 흘리는 손과 [잠언 6:16-17]

우리가 피해야 할 거짓에는 여러 가지 유형이 있다.

• 노골적인 거짓말 : 진실의 완전한 위조이거나 모순이 되는 것 (예: 사탄, 창세기 3:4)

• 과장 - 진실보다 포장된 것 : 진실과 거짓말을 더 하면 거짓말 (예: 에서, 창세기 25:32)

• 반쪽 또는 부분적 진실 - 부분적 정보만 제공해서 사실이 아니라고 믿게 하거나, 진실을 왜곡하는 것 (예: 아브라함, 창세기 12:13)

• 얼버무리기 - 주제를 바꾸거나, 질문에 답을 하지 않고

주의를 분산시키는 것 (예: 가인, 창세기 4:9)

우리의 언어는 정의로워야 한다.

> 무릇 더러운 말은 너희 입 밖에도 내지 말고 오직 덕을 세우
> 는 데 소용되는 대로 선한 말을 하여 듣는 자들에게 은혜
> 를 끼치게 하라 하나님의 성령을 근심하게 하지 말라 그 안
> 에서 너희가 구원의 날까지 인치심을 받았느니라 너희는 모
> 든 악독과 노함과 분냄과 떠드는 것과 비방하는 것을 모든
> 악의와 함께 버리고 서로 친절하게 하며 불쌍히 여기며 서로
> 용서하기를 하나님이 그리스도 안에서 너희를 용서하심과
> 같이 하라 [에베소서 4:29-32]

다른 사람들이 어떻게 행동하든 관계없이, 우리는 우리의
마음과 언어를 다스려야 하는 이유가 여기에 있다. 그리스
도께서는 의사소통할 때 언제나 감정을 조절하시고 영적으
로 행동하셨다. 다른 사람의 언어를 다스릴 수는 없지만, 하
나님의 은혜를 힘입어 어떻게 반응할지는 결정할 수 있다.

우리는 말할 때 다음을 주의해야 한다.

- 비꼬는 말투: 가시 돋친 말이나 투덜대는 식의 고집스
  러운 태도
- 분노: 갑작스러운 화의 표출
- 화: 점점 차오르는 분한 감정
- 소란스러움: 소리 지르면서 크게 싸우거나 강한 어조
  로 논쟁하는 것
- 비방: 뒷말하기, 욕하기, 상대를 얕보기, 공격하기 등
- 악의: 다른 사람을 상처를 주거나 고통스럽게 하는 말

우리의 언어는 다음과 같아야 한다.
- 친절함: 자비롭고 순하며 공손하고 선한 마음, 도움을
  주는 마음
- 부드러운 마음: 긍휼히 여기는 마음, 공감하는 마음
- 용서함: 복수심이나 원한을 가지지 않는 것

노하기를 더디하는 자는 용사보다 낫고 자기의 마음을 다
스리는 자는 성을 빼앗는 자보다 나으니라 [잠언 16:32]

배우자가 죄를 짓고 있을 때 함께 죄를 짓지 않도록 조심
해야 한다. 하나님의 방법으로 반응하고 잘못된 방법에서
나올 수 있도록 권면해야 한다. 다음 지침은 화내는 사람
이나 스스로 속이는 사람에게 적용되는 말씀이다.

미련한 자의 어리석은 것을 따라 대답하지 말라 두렵건대
너도 그와 같을까 하노라 미련한 자에게는 그의 어리석음을
따라 대답하라 두렵건대 그가 스스로 지혜롭게 여길까 하
노라 [잠언 26:4-5]

우리의 행동과 말은 우리의 생각과 직접 연결되어 있음을
기억하라. 만약 올바른 반응을 하고자 한다면 생각의 차원
에서 먼저 시도해야 한다. 잘못된 언어로 이어지게 하는 생
각들을 분리하려고 노력해보자.

둘째, 그리스도의 소통에는 목적의식이 있었다. 당신이 말을 하는 동기는 이웃을 먼저 생각하는 마음에서 우러나와야 한다.

하나님을 영광을 위해: 무엇을 하든지 다 하나님의 영광을 위하여 하라[고린도전서 10:31b]

이웃을 위해: ...오직 덕을 세우는 데 소용되는 대로 선한 말을 하여 듣는 자들에게 은혜를 끼치게 하라 [에베소서 4:29]

예수 그리스도의 목적은 하나님 아버지의 뜻과 같았고, 항상 이웃을 먼저 배려하셨다. 만약 우리가 미처 신경 쓰지 못한다면 소통이 다른 방향으로 흘러갈 수 있다. 우리는 우리의 이기적이고 육적인 욕구를 위해 말하거나 보복을 위해 언어를 사용해서는 안 된다. 우리가 말하는 언어의 목적이 하나님의 영광을 위해서, 그리고 이웃을 위해서 말하기 전까지는 잠잠히 침묵하는 것이 더 낫다. 올바른 동기로 기도를 해야 한다.

우리의 동기가 올바르다면, 우리는 다음과 같이 행동할 것이다.

- 감정이나 자만에 이끌려 반응하지 않고 의지적으로 행동한다.
- 사람을 공격하는 것이 아닌 문제를 해결하려 한다.
- 선을 이루는 말만 입에 담는다.
- 해결 중심적으로 행동한다.

우리는 언어야말로 '육과 영이 다투는 영역'이라는 사실을 잊지 말아야 한다. 육으로는 못난 모습을 드러낼 수도 있지만, 하나님의 은혜로 그것을 부인하고 통제해야 한다. 우리의 언어가 선한 목적을 이루기 원한다면, 우리는 잘못된 방법으로 말을 해서는 안 되고, 항상 상냥하게 말해야

한다. 이것이 바로 사도 바울이 골로새서에서 이야기하는
내용인 것이다.

> 너희 말을 항상 은혜 가운데서 소금으로 맛을 냄과 같이 하
> 라 그리하면 각 사람에게 마땅히 대답할 것을 알리라 [골로
> 새서 4:6]

상냥한 언어는 소금으로 간을 한 음식과 같다. 소금은
음식을 맛있게 만들어주기도 하고, 썩는 것으로부터 방지
하기도 한다. 우리는 우리의 언어를 가능한 한 맛있게 사용
할 뿐 아니라 보존을 위한 수단으로 사용해야 한다.

또한, 우리의 언어에 정보가 부족하다면 선한 목적을 이
룰 수 없게 된다. 모든 사실과 정보가 정확한지 확인하라.
질문을 통해 이처럼 해야 한다 (잠언 18:13).

셋째, 그리스도의 소통은 분명했다. 당신의 언어의 방식
도 분명하고 적절해야 한다.

오직 너희 말은 옳다 옳다, 아니라 아니라 하라 이에서 지나
는 것은 악으로부터 나느니라 [마태복음 5:37]

그리스도께서는 소통을 통해 주제의 본질에 잘 도달하도
록 하셨다. 말씀하시는 내용은 상황에 적절하게 맞아떨어
졌다. 비유로 말씀하실 때는 그분을 따르는 자 중 관심 없
던 자들이 이해하지 못하도록 하기 위함이거나, 시간이 적
절하지 않아서였다 (마태복음 13:10-16). 하지만 이러한
의도는 하나님의 목적이 있을 때만 사용하셨고, 제자들에
게 주로 말씀하시는 방식은 아니었다. 예수님은 말을 많이
하지 않으셨다. 해야 할 말보다 지나치게 말하지 않으셨
다. 말이 많아지면 핵심 메시지는 모호해지며 잘못된 길로
이끌게 될 수도 있다.

말이 많으면 허물을 면하기 어려우나 그 입술을 제어하는
자는 지혜가 있느니라 [잠언 10:19]

위의 말씀은 우리가 말을 분명히 하되 사랑을 담아서, 간

결하고 적절하게 말해야 한다고 말씀하신다. 우리는 지혜롭고 적절하게 주제의 핵심으로 이끄는 방법을 배워야 한다. 분명하고, 간결하고, 적절하게 말하는 것은 우리가 무엇을 말할지 충분히 생각하지 않으면 할 수 없는 일이다.

> 의인의 마음은 대답할 말을 깊이 생각하여도 악인의 입은 악
> 을 쏟느니라 [잠언 15:28]

우리가 분명하게 말한다면 다음과 같은 행동을 하게 된다.

- 무엇을 말해야 할지에 대해 기도한다.
- 말해야 하는 것에 대해 신중하게 생각한다.
- 간결하게 말을 한다.
- 정보를 숨기거나 "내가 말하지 않아도 알아야지! 말해 주지 않을 거야!"라는 식으로 말해서 상대방의 마음을 상하게 하지 않는다.
- 서로의 이해관계를 논의한다. 예를 들어 누군가는 "네

가 나에게 '그건 틀린 생각이지'라고 말하면 나는 '그건 바보스러운 짓이야'라고 이해해. 그러니까 그런 말 하지마"라고 말할 수 있다.

- 상대방을 속이는 계획을 세우지 않는다. 말하고 싶은 부분을 말하고, 은근슬쩍 남에게 눈치를 줘서 다른 사람이 죄책감을 느끼고 당신의 마음에 맞게 행동하지 않도록 하라.

넷째, 그리스도의 소통은 시기적절했다. 당신이 말을 할 때는, 시기적으로 맞는 타이밍에 해야 한다.

경우에 합당한 말은 아로새긴 은 쟁반에 금 사과니라 [잠언 25:11]

그리스도께서는 항상 완벽한 타이밍에 이야기하셨다. 우리가 소통을 할 때 기억해야 할 두 가지의 원칙이 있다. 먼저 우리는 시간과 상황이 허락하는 최대한 가까운 시간에 해야 하며, 좋은 시기에 해야 한다. 필요 이상으로 말을 많이 하거나 갈등에 대해 길게 가져가서는 안 된다. 이유 없이 기다리다 보면, 악한 상황을 만들 수 있는 틈을 주고 기회를 주게 된다.

말을 해야 할 올바른 타이밍을 결정하는 것은 좋은 소통에 도움이 된다. 시간이 없을 때나 상대방이나 우리가 피곤하거나, 또는 상대방의 정신이 다른 곳을 향하거나 좋은 상태가 아닐 때 중요한 주제를 다루는 것은 지혜롭지 못한 행동이다. 지혜로운 사람은 소통을 위한 시간을 신중하게 결정한다.

시기적절하게 행동하기 위해 우리는 다음과 같은 행동을 해야 한다.

- 신중하게 생각했다면 필요 이상으로 기다리지 말고 해야 할 말을 전달하라.

- 적절한 시간에 전달할 말을 전달하고, 상대방에게 답변할 기회를 제공하라.
- 당신이 선택한 시간이 참여하는 모든 사람에게 가장 적절한 시간인지 확인하라.

정말 해결되었는가?

믿는 자들은 하나님의 방법으로 소통하기 위해 진심으로 마음이 정리되어야 한다. 새로운 습관을 만드는 것이 쉽지는 않지만, 하나님이 도와주시면 그분의 방법으로 소통하는 데 더 능숙해질 수 있다. 하나님을 영화롭게 하는 방법으로 결혼생활을 지키고자 하지 않으면, 관계는 제대로 자리 잡을 수 없다. 소통을 통해 하나님께 영광을 돌리는 것에는 올바른 마음가짐(하나님을 기쁘시게 하고자 하는 겸손한 마음)이 필요하며, 잘 듣는 것과 자기를 버리려는 의지가 필요하다. 그러기 위해 우리는 영적이고, 분명하고, 목적의식이 있고, 시기적절한 소통으로 만들어가야 한다.

02

■

갈등을 해결하는 방법
CONFLICT RESOLUTION

"결혼도 하늘에서 만들어지지만, 천둥과 번개도 마찬가지다"라는 말이 있다. 많은 결혼 관계들은 갈등을 포함한다. 하나님의 사람들에게는, 그렇지 않아야 한다. 그리스도인 부부는 함께 연합을 이루며 사는 것을 배울 수 있다. 그리스도인 커플은 언제나 눈에는 눈으로 대응하거나 단 한 번도 다른 이의 마음을 어렵게 하지 않는다는 뜻은 아니다. 진정한 그리스도인이라면 서로와 다투는 것에서 물러날 수 있어야 한다는 것이다. 두 사람 중 한 사람이라도 갈등을 막아설 수 있다. (잠언 15:18). 모든 그리스도인은 성경적으로 어떻게 갈등을 피하고 해결할 수 있는지 이해해야 한다.

갈등이란 무엇인가?

우리가 여기서 이야기하는 갈등은 의견 차이가 있거나 동의하지 않는 의견을 말하는 것이 아니다. 누군가의 기분을 상하게 하거나 누군가로 인해 기분이 상하는 것을 이야기하는 것도 아니다. 위와 같은 일들은 갈등 없이도 일어날수 있다. 갈등을 뜻하는 라틴어는 "때리다"라는 의미가 있다. 갈등이란 싸운다는 의미의 군 용어기도 하다. 두 사람이 갈등을 갖게 되면 그들은 물리적으로 싸우거나, 언어로 싸운다는 것을 의미하지만, 두 사람 모두 동참하는 것이며 서로를 향해 싸우는 것이다. 갈등은 즉, 소통이나 행동을 하는 두 상대방이 서로를 마주 보고 반대되는 위치에서 죄를 짓는 것을 의미한다.

하나님은 갈등에 대해 어떻게 생각하시는가?

갈등은 하나님의 마음을 아프게 한다. 하나님께서는 당신의 자녀들이 갈등을 겪지 않기를 원하신다. 성경은 우리의 언어와 마음을 지키라고 말하고 있고, 누군가 화가 났거나 죄를 지었을 때 어떻게 해야 하는지에 대한 지침과 싸움에 대한 경고를 담고 있다. 하나님께서는 당신의 자녀들이 평화를 구하기를 원하신다.

> 그러므로 주 안에서 갇힌 내가 너희를 권하노니 너희가 부르심을 받은 일에 합당하게 행하여 평안의 매는 줄로 성령이 하나 되게 하신 것을 힘써 지키라 [에베소서 4:1,3]

대부분 갈등은 기분을 상하게 하는 행동에서 시작한다. 하나님께서는 할 수 있는 한 상대방을 공격하지 말라고 하신다. 때로는 하나님의 말씀으로 인해, 사랑으로 말한 진리를 통해서도 기분이 상하기도 한다. 우리가 사랑을 담아서 누군가가 들어야 하는 메시지를 전달하는 경우, 그 사람의 마음이 상하는 것을 막을 수는 없다. 하나님이 우리에게 원하시는 것은 필요 이상으로, 또는 죄악된 방법으로 누군가를 마음 상하게 하지 않는 것이다. 이러한 공격은 하나님께 영광 돌리는 것이 아니다. 다른 사람들의 마음을 상하게 하지 않는 것은 하나님의 말씀을 배경으로 한다.

그런즉 너희가 먹든지 마시든지 무엇을 하든지 다 하나님의 영광을 위하여 하라 유대인에게나 헬라인에게나 하나님의 교회에나 거치는 자가 되지 말고 [고린도전서 10:31-32]

우리는 다른 사람의 마음을 상하지 않도록 신중해야 할 뿐 아니라, 하나님의 말씀을 따라 사랑으로 그들을 위해 기도하고 우리에게 죄지은 자에게까지도 선으로 돌려주어야 한다 (로마서 12:21). 갈등에 참여하는 것은 하나님의 방법이 아니다. 우리가 죄를 짓는다면, 우리는 그분의 자녀답게 행동하는 것이 아닐 것이다.

나는 너희에게 이르노니 너희 원수를 사랑하며 너희를 박해

하는 자를 위하여 기도하라 이같이 한즉 하늘에 계신 너희 아버지의 아들이 되리니 이는 하나님이 그 해를 악인과 선인에게 비추시며 비를 의로운 자와 불의한 자에게 내려주심이라 [마태복음 5:44-45]

우리는 하나님이 우리의 생각과 언어와 행동에 대해 죄성을 가진 방법으로 소통하는 것에 대해 어떻게 생각하시는지 이미 살펴보았다. 잘못된 방식의 소통은 항상 갈등을 가져온다. 예수님은 마태복음 5장에서 제자들에게 다음과 같이 말씀하셨다.

옛 사람에게 말한 바 살인하지 말라 누구든지 살인하면 심판을 받게 되리라 하였다는 것을 너희가 들었으나 나는 너희에게 이르노니 형제에게 노하는 자마다 심판을 받게 되고 형제를 대하여 라가라 하는 자는 공회에 잡혀가게 되고 미련한 놈이라 하는 자는 지옥 불에 들어가게 되리라 [마태복음 5:21-22]

여기서, 예수님께서는 화를 내는 것을 살인과 같은 수준으로 보신다는 것을 알 수 있다. 화를 내는 것은 더 심각한 죄라고까지 표현하신다. 갈등은 하나님에게 심각한 문제가 된다. 그리스도인은 결혼생활에서 갈등을 피해야 한다.

갈등은 어디에서 오는가?

차이

갈등은 개인적인 차이나 의견의 차이로부터 발생할 수 있다. 사람들은 다른 이들과 비교할 때 서로 다른 부분이 많다. 각자의 능력도 다르고, 지식의 수준이나 좋아하고 싫어하는 것, 그리고 관점까지도 서로 다르다. 우리가 세상에 대해 받아들여야 하는 규범이 있는 것이다. 부부가 서로 비슷할수록, 같은 방식으로 세상을 보게 된다. 그렇다고 해서 부부가 친해지기 위해 꼭 비슷해야 한다는 것은 아니다. 비슷하다고 갈등이 적다는 말도 아니다. 부부가 서로 비슷한 점이 많아도 스스로 자만하고 이기적이라면 여전히 갈등이 생길 수 있다. 소수의 사람 중에서 몇몇 사람은 서로 맞지 않는 배우자에게 더는 소망이 없다고 말한다. 이것은 하나님의 관점이 아니며, 성경은 많은 부부가 서로를 잘 알지 못한다고 말한다. (창세기 24:1-4).

서로 잘 알지 못한다는 것은 서로를 알기 위해 노력하고, 존중하며, 다른 이의 관점에서 바라보아야 한다는 것을 의미한다. 이러한 태도는 진정한 사랑을 훈련해서 분명히 얻을 수 있는 태도이다 (에베소서 4:2-3). 필자를 찾아온 한 부부는 두 사람이 서로 매우 달랐고, 자주 싸우는 관계라 많이 속상해하고 있었다. 그들은 젊은 기독 청년들로 사역에도 참여하고 하나님을 진심으로 사랑하는 사람들이었다. 하나님 앞에서 부부로서의 언약을 맺었기 때문에, 그들은 서로 알아가고 존중하고 상대방의 관점에서 이해하기 위해 노력하기 시작했다. 그들은 이제는 그 시간을 가장 유익했던 시간으로 돌아보며, 서로를 가장 사랑하는 사람으로 여기고 있다. 더 많은 시간을 서로 알아가고, 존중하고, 이해하는 데 쓸수록, 더 사랑하게 된다. 남편들이여! 배우자와의 차이가 크다면, 먼저 이러한 변화를 주도해야 한다. 용기를 가지라! 다른 점이 많은 배우자도 서로 동행하고 하나로 연합되는 것을 경험할 수 있다.

서로 많이 다른 부부에게 도움이 되는 것 중 하나는 하나님의 말씀 안에서 성장하는 것이다. 함께 묵상하는 하나님의 말씀이 많아질수록, 남편과 아내 간의 화합이 생겨날 것이다. 각자의 마음이 말씀으로 새로워지고 변화되어 갈수록, 두 사람은 더욱 비슷한 생각을 하게 될 것이다 (로마서 12:2). 서로에게 해서는 안 되는 행동은 서로에게 자신을 닮도록 변화시키는 것이다. 오히려 그리스도를 닮아가도록 변화해야 한다. 서로가 사랑으로 하나 되는 것에 더 노력할수록, 다른 부분들을 더 많이 포용할 수 있게 되어 부부의 결혼생활로 녹아들 것이다.

마음을 상하게 하는 것

갈등을 일으키는 중요한 요소는 죄를 짓거나 마음을 상

하게 하는 상대로 인한 잘못된 반응이다. 누군가가 마음을 상하게 하거나 죄를 짓는다고 해서 갈등으로 이어가 두 상대가 모두 죄를 지을 필요는 없다. 남편과 아내는 서로의 죄에 대해 겸손과 온유로 반응하고 하나님의 방법으로 진리를 말하는 법을 배워야 한다. 우리는 하나님의 소통 방식에 맞게 우리의 반응을 조절하고 죄를 올바르게 다스려야 한다.

> 말을 아끼는 자는 지식이 있고 성품이 냉철한 자는 명철하니라 [잠언 17:27]

교만과 육적인 생각

서로가 다른 부분이나 마음이 상하는 것으로 인해 갈등이 일어날 때는 죄도 함께 동반된다. 결국, 죄는 자신을 드러내는 교만이나, 자신을 충족시키는 욕구, 또는 두 가지 모두에서 기인한다. 잠언에서는 욕심이 많은 자는 다툼을 일으키고 (잠언 28:25) 교만에서는 다툼만 일어날 뿐이라고 (잠언 13:10) 말하고 있다. 교만과 겸손에 대해서는 우리가 교만과 갈등 간의 연결에 대해서 이해하는 것이 중요하다. 남편과 아내는 조화롭게 살아가기 위해 겸손해야 한다.

우리의 육적인 욕구는 갈등을 일으키는 또 하나의 요소이다. 야고보는 야고보서에 다음과 같이 꾸짖었다.

> 너희 중에 싸움이 어디로부터 다툼이 어디로부터 나느냐 너희 지체 중에서 싸우는 정욕으로부터 나는 것이 아니냐 너희는 욕심을 내어도 얻지 못하여 살인하며 시기하여도 능히 취하지 못하므로 다투고 싸우는도다 너희가 얻지 못함은 구하지 아니하기 때문이요 구하여도 받지 못함은 정욕으로 쓰려고 잘못 구하기 때문이라 [야고보서 4:1-3]

야고보가 말하고자 했던 것은 싸움과 다툼은 우리의 육적인 욕망이 행동으로 표현된 것이라는 사실이었다. 사도 바울은 이에 대해 다음과 같이 이야기한다.

욕망의 진

GOD

베드로전서 5:5 하나님은 교만한 자를 대적하신다

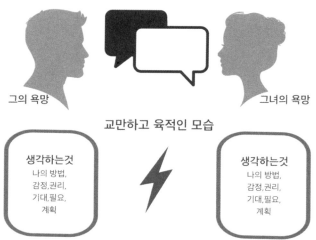

그의 욕망   그녀의 욕망

교만하고 육적인 모습

생각하는것   생각하는것
나의 방법,   나의 방법,
감정,권리,   감정,권리,
기대,필요,   기대,필요,
계획   계획

욕망=악한 욕심이나 욕망스럽게 변한 좋은 욕심

육체의 일은 분명하니 곧 음행과 더러운 것과 호색과 우상 숭배와 주술과 원수 맺는 것과 분쟁과 시기와 분냄과 당 짓는 것과 분열함과 이단과 투기와 술 취함과 방탕함과 또 그와 같은 것들이라 전에 너희에게 경계한 것 같이 경계하노니 이런 일을 하는 자들은 하나님의 나라를 유업으로 받지 못할 것이요 [갈라디아서 5:19-21]

야고보의 설명은 많은 분쟁의 근원에 대한 이해를 돕는데 유용하다. '분쟁'을 포함하여 야고보가 사용한 여러 헬라어는 군대에서 쓰는 용어이기도 하다. 다른 맥락에서 '싸움'은 군대 작전이나 전쟁의 상황을 뜻한다. '분쟁'은 전쟁 중에 일어나는 별도의 갈등상황이나 작은 전쟁을 뜻한다.

이러한 단어들을 사용하여 야고보는 다른 사람을 반대하는 것에 관해 설명하고 있다. 그는 이러한 반대되는 상황이 무엇 때문에 발생하는지를 이어서 이야기한다. 갈등은 결국 오랫동안 바라던 "욕망"이나 뜨거운 욕심인 "투기"를 품고 있다가 바라던 것을 갖지 못했을 때 일어나는 것이다. 우리가 무언가를 꼭 가져야 한다고 여길 때 갈등이 일어난다. 우리의 욕심은 좋은 욕망일 수 있지만, 그것이 요구되었을 때 그것은 죄가 된다. 마치 우리가 군대에서 진을 치고 무언가를 몹시 얻고 싶어 하는 것과 같다. 우리의 욕망을 군대의 진이라고 생각하면, 단단하게 말뚝을 고정한 베이스 앞에서 전쟁은 시작된다.

우리의 목적이 육적인 욕망을 채우는 것이라면, 우리는 갈등을 피할 수 없다. 그리스도인이 전쟁과 같은 갈등상황에 참여하는 것을 그치고자 한다면, 그들의 육적인 욕망을 알아차려야 한다.

자기만족을 위한 육적인 욕망은 아래와 같다.
- 돈
- 성적 만족
- 음식
- 소유물
- 편안함

- 재미있거나 극적인 경험
- 인정

갈등상황에 놓였을 때, 내가 나를 위해 원하고 있는 것이 무엇인지 질문해보라. 우리가 갈등을 피하거나 해결하고 싶다면, 우리는 자아가 아닌 이웃에 대해 집중해야 한다.

> 누구든지 자기의 유익을 구하지 말고 남의 유익을 구하라
> [고린도전서 10:24]

갈등을 겪는 남편과 아내는 자신에게 집중하고 배우자를 사랑하는 것이나 하나님께 영광 돌리는 것에 집중하지 못하게 된다. 사도 바울은 사랑에 대해 자기의 이익을 구하지 아니하고, 성을 내지 않으며, 원한을 품지 않는 것이라고 이야기한다 (고린도전서 13:5). 우리가 겸손하게 서로를 사랑할 때, 우리는 자신의 만족을 구하지 않고 갈등으로 들어가지 않게 된다.

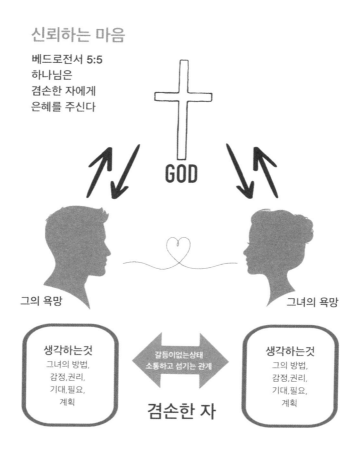

신뢰하는 마음

베드로전서 5:5
하나님은
겸손한 자에게
은혜를 주신다

GOD

그의 욕망

그녀의 욕망

생각하는것
그녀의 방법,
감정,권리,
기대,필요,
계획

갈등이없는상태
소통하고 섬기는 관계

생각하는것
그의 방법,
감정,권리,
기대,필요,
계획

겸손한 자

우리는 죄가 마음에서 시작한다는 것을 알고 있다. 우리의 교만과 육적인 생각은 갈등의 씨앗으로 비유할 수 있다. 우리는 마음에 자라나서 갈등을 가져오게 되는 죄의 씨앗을 멀리해야 한다. 갈등을 피하고자 한다면 교만이나 육적인 생각을 바꾸어야 한다. 다음은 갈등을 가져오는 생각들과 변화된 생각들을 비교한 것이다.

갈등으로 이끄는 생각들	갈등을 피하는 생각들
이것은 말도 안 돼!	일리가 있는 말이야.
나는 내 마음대로 할 거야!	내 방식대로만 할 필요는 없어.
감히 어떻게 그럴 수 있어!	그(그녀)를 위해 기도해야지.
나는 이런 대우는 못 받아!	어떻게 더 잘 대해줄 수 있을까?

의견 차이와 불일치가 도움이 될 수 있을까?

의견 차이와 불일치는 우리에게 도움이 될 수 있다. 차이를 극복하고 배우자를 존중하는 것을 목적으로 삼는다면 서로 다른 부분들은 진정한 사랑으로 나아가는 시작점이 될 수 있다. 다른 부분과 일치하지 않는 부분들이 줄 수 있는 도움은 아래와 같다.

- 말씀으로 나아갈 수 있도록 우리를 격려한다. (시편 119:71-72)
- 우리의 생각이나 믿음에 대해 신중하게 돌아보게 한다. (잠언 15:28)
- 더 효과적인 소통을 위해 노력하게 한다. (에베소서 4:25)
- 성숙함과 인내를 만든다. (야고보서 1:2-5)
- 서로가 훈련되는 과정을 돕는다. (잠언 27:17)
- 하나님이 모든 것을 화합하여 선으로 이루실 것이라는 진리에 대한 믿음을 강하게 한다. (로마서 8:28-29)
- 섬기는 마음과 서로를 더 낮게 여기는 마음을 훈련하는 기회가 된다. (빌립보서 2:2-3)
- 하나님을 사랑하고 영화롭게 하는 기회가 된다. (고린도전서 10:31-32)

갈등을 피하는 방법

갈등을 만드는 방법에 대해서는 세 가지가 있다 - 잘못된 생각, 잘못된 언어, 잘못된 행동. 우리는 어떻게 하면 그런 부분을 피할 수 있는지에 대해 질문해야 한다. 갈등을 해결하는 데에는 올바른 방법과 잘못된 방법이 있기 때문이다.

갈등을 피하는 잘못된 방법:

* 침묵한다. 많은 부부가 하나님이 원하시지 않는 방법으로 갈등을 회피하려 한다. 물론 우리가 침묵해야 하는 시간이 있지만, 소통을 회피하는 것은 죄악된 행동이다. 신문 기사를 통해 한 부부가 50년간 단 한 번도 싸우지 않았다는 것을 자랑스러워 하는 글을 읽은 적이 있다. 남편은 더 나아가 의견의 불일치가 있을 때 그저 침묵했다고 이야기했다. 몇몇 남편들은 갈등을 피하려고 전혀 소통하지 않기도 한다. 우리는 그리스도

인이 소통해야 하는 이유를 앞서 다루었다. 배우자와 진정으로 소통하지 않고는 하나님을 올바르게 섬길 수 없다. 비꼬는 마음이 쉽게 자라나기도 한다. 소통이 부족하거나 아예 없을 때는, 결국 비꼬는 마음이 모습을 드러내게 된다. (전도서 3:7b, 에베소서 4:29-31, 골로새서 3:19)

- 서로를 피한다. 그리스도인에게는 올바른 반응이 아니다. 하나님이 아내에게 남편을 존중하라고 하신 말씀과 남편들에게 아내를 사랑하라고 하신 말씀을 기억하라. 하나님은 우리에게 서로를 뜨겁게(모든 힘을 다해서) 사랑하라고 하신다. (요한복음 15:12, 베드로전서 4:8)

- 진짜 사실과 죄의 모습, 그리고 쓴 뿌리를 숨긴다. 이러한 과정에서 서로를 속이며 죄를 짓는다. 서로를 속이면 결코 하나가 될 수 없다. (창세기 20:2)

갈등을 피하는 하나님의 방법:

- 배우자를 알아가고자 하고, 존중하며 상대의 관점을 이해한다. (베드로전서 3:7)
- 말하기 전에 사실을 충분히 파악한다. 들었다고 생각하는 것과 이해한 것을 분명하게 하라. 질문을 많이 해보라. (잠언 18:13,17)
- 기도하고, 말하기 전에 곱씹고 생각하라. (잠언 15:28)
- 불일치가 있는 시간에 사랑과 관심을 보이며 소통하라. (로마서 12:9-10)
- 말하는 것보다 더 많이 듣되, 의견은 분명히 말하라. (잠언 10:19, 25:11)
- 죄에 대해서는 사랑으로 배우자를 권면하라. (에베소서 4:15, 골로새서 3:19)
- 선호에 대해서는 서로의 것을 먼저 선택하라. (로마서 12:10)
- 지혜와 양심에 대해서는 말씀을 찾아보고 하나님의 지

침을 생각하라. (잠언 11:14, 디모데후서 2:15)

- 소통 중에 죄를 짓지 않도록 하라. (잠언 8:6-8)
- 자신의 방법이나 옳은 것보다 하나님의 영광과 다른 이의 유익을 생각하라. (여호수아 22:5, 로마서 15:2)

다른 사람이 화가 났을 때 갈등을 피하는 방법은 상냥하고 관심 어린 반응을 보이는 것이다. 잠언은 다음과 같이 말한다.

> 유순한 대답은 분노를 쉬게 하여도 과격한 말은 노를 격동하느니라 [잠언 15:1]

사용하는 언어가 올바른지도 신중하게 생각해야 한다. 어느 남편들은 불친절하고 거들먹거리는 태도로 차분하게 말을 해서 아내들을 더 화나게 하기도 한다. 여기서 말하고자 하는 것의 본질은 악을 선으로 갚는 것이다. 겸손한 남편은 아내가 화를 내는 데에 그럴 만한 이유가 있을 것으로 생각하고, 듣고 싶다는 표현을 내비칠 것이다. 아내의 마음이 상했다면, 다음과 같이 말을 할 수 있다. "당신 기분이 안 좋은 것 같네요. 앉아서 같이 이야기해봐요. 나는 당신을 사랑하니까 함께 이 문제를 해결하고 싶어요."

헌신하는 자세와 계획, 그리고 적절한 시간에 하나님의 도우심을 구하는 기도와 함께라면, 우리는 우리를 향하는 분노에 받아치려고 하는 유혹을 이겨낼 수 있다. (히브리서 4:16)

배우자가 화가 났을 때는 하나님의 방법으로 다가가면 효과적으로 화를 누그러뜨릴 수 있다. 몇 번의 시도에도 화가 풀리지 않는다면, 좀 더 진정되었을 때 다시 이야기하자는 마음을 표현하고, 시간을 주는 것이다. 상황이 물리적인 공격으로 이어진다면, 부부는 교회의 지도자들을 통해 성경적 상담을 받는 것이 좋다.

성경적으로 갈등을 해결하고자 하는 마음이 있는 사람은 화평을 구하게 된다. 한 사람이라도 화평을 구한다면, 갈등은 줄어들 것이다. 당신의 배우자가 당신과 화평하지 않은 경우에도, 당신은 평화를 선택하고 다시 화목하도록 노력할 수 있을 것이다.

> 할 수 있거든 너희로서는 모든 사람과 더불어 화목하라 [로
> 마서 12:18]
> 그러므로 우리가 화평의 일과 서로 덕을 세우는 일을 힘쓰
> 나니 [로마서 14:19]

갈등을 해결하는 방법

이 시점에서, 이미 진행되고 있는 갈등이나 진행되었으나 해결이 되지 않는 갈등에 대해서 질문 할 수 있을 것이다. 만약 당신의 배우자가 당신을 향해 쓴뿌리가 있다면, 당신은 그 상황을 풀기 위해 노력을 다해야 한다. 그들의 쓴뿌리를 다루지 않으면, 당신도 분노할 수 있고 마음에 쓴뿌리가 자리 잡게 될 수 있다. 갈등을 해결하는 것에도 올바른 방법과 잘못된 방법이 있다. 하나님의 말씀과 일치하는 선에서 우리는 갈등을 해결하려고 해야 한다.

갈등을 해결하는 잘못된 방법:

- 시간이 해결하게 한다. 내버려 두는 것은 갈등이 생겼
  을 때 필요한 해답이 아니며 하나님을 영화롭게 하는
  방법도 아니다. 필요한 것은 진심 어린 고백에 이어 용
  서를 구하는 마음과 용서하는 마음이다. 우리의 시간
  은 흐르지만, 하나님의 관점에서는 그렇지 않다. 하나
  님은 그분의 자녀들이 죄를 어서 해결하기 원하신다
  (마태복음 5:23-24, 에베소서 4:26). 시간이 흐를수록
  상대방의 죄는 커지고 우리의 상처는 깊어진다. 우리의
  기억은 부분적으로 기억하기 때문에 갈등을 해결하는
  과정이 더욱 어려워질 수 있다.

- 갈등을 묻으려고 한다. 일어난 일에 대해 잊으려고 하
  거나 생각할 틈이 없이 일부러 바쁘게 사는 것은 일시
  적인 방편일 뿐이다. 이렇게 사는 사람은 해결되지 않
  은 쟁점이 점점 쌓여서 이후에 더 많은 죄와 쓴뿌리, 우

울감이나 신체적인 아픔으로도 이어질 수 있다. 빌립보서 3:13의 말씀을 잘못 해석해서 이러한 태도를 정당화해서는 안 된다.

• 그런 일이 없었던 척 행동한다. 배우자를 정말 화나게 할 수 있는 죄악 된 방법이다. 세상에서 ~척하는 것으로 갈등을 해결하는 경우는 없다. 이렇게 행동하는 사람은 현실을 살지 못하고 피상적인 관계만을 맺게 된다. (빌립보서 4:8a)

• 다른 사람이 먼저 문제를 해결하기까지 기다린다. 이러한 접근은 다른 사람과의 관계에서 문제가 있으면 즉시 가서 해결하라는 하나님의 명령을 직접 거스르는 방법이다 (마태복음 5:23-24).

• 다른 사람이 변하고 책임을 질 때까지 벌을 내린다. 사람들은 배우자가 변해서 책임을 진다고 할 때까지 벌

을 내리기 위해 다양한 시도를 하기도 한다. 이러한 방법은 죄 위에 죄를 더하는 것밖에 되지 않는다. (갈라디아서 6:1, 로마서 12:9-20)

갈등을 해결하는 성경적 방법:

• 하나님 앞에서 깨닫게 하시는 모든 죄를 고백한다. 말씀을 통해 하나님께서 눈을 열어 죄를 보게 하시도록 구하라. 자신의 동기, 생각, 태도, 언어, 그리고 행동에 대해 생각하는 것에서부터 시작할 수 있다. (시편 139:23-24, 요한일서 1:9-10)

• 배우자에게 가서, 구체적으로 한 행동에 대해 용서를 구하고 다시 하지 않을 것이라는 마음을 전하라. (에베소서 4:23, 야고보서 5:16)

• 갈등을 해결하기 위해 서로 바라는 것을 표현하고, 언

제가 가장 좋을 때인지를 함께 결정하라. 당신이 죄를 지었는지, 저질렀을지도 모르는 죄가 있는지, 그리고 갈등의 쟁점들이 무엇인지를 물어보라. (잠언 15:28)

• 약속된 시간에 함께 오라. 하나님께 영광을 돌리기 위해 당신이 바라는 것을 표출하고, 문제를 해결하기 위해 당신이 할 수 있는 모든 것으로 서로 사랑하라. 서로에게 맞서지 말고 문제에 맞서서 둘이서 같은 팀으로 문제를 해결하라. (시편 34:14). 당신들의 문제가 아니라 두 사람의 도전과제로 문제를 생각하라.

• 하나님의 지혜, 자제력, 그리고 대화를 위해 함께 기도하라. (잠언 16:32; 야고보서 1:5)

• 하나님의 소통 방식에 대해 돌아보라. 당신이 이야기하면서 기억하고 싶은 문장이나 단어를 선택해 보라. (에베소서 4:15, 26-32, 야고보서 1:19)

1. 좋은 청취자가 되는 것
2. 진실을 말하는 것
3. 올바른 방법으로 (사랑으로) 말하는 것
4. 올바른 목적으로 말하는 것 : 하나님의 영광과 다른 이들의 유익
5. 분명하게 말하는 것

- 서로 번갈아 가며 아직 이야기하지 않은 죄가 있다면 하나님과 배우자 앞에 고백하고, 용서를 구하라. 상대방의 조언과 이야기를 들어보자. (에베소서 4:23, 야고보서 5:16, 요한일서 1:9)
- 갈등을 발생하게 한 쟁점에 관해 이야기해보자. 쟁점에 대한 의견이 일치에 도달할 수 있도록 30~40분 가량의 시간을 가져라. 그후, 시간을 내어 다시 이야기해보고, 이 과정을 진행하는 동안 상대방을 사랑하는 마음을 가지라.
- 동의하는 것에 대해 번갈아 가면서 이야기하라

- 동의하지 않는 것에 대해 번갈아 가면서 이야기하라
- 지금 대면하는 쟁점이 무엇인지 의논을 통해 결정하라

선호도의 문제인가? 서로의 선택지에 대해 논의하라 (빌립보서 2:3-5)

죄의 문제인가? 용서를 구하는 계획을 세우라 (에베소서 4:22-24)

양심의 문제인가? 상담을 통해 다가가면서 배우자가 믿음으로 할 수 있을 때까지 양심을 지키도록 하라 (로마서 14:23)

지혜의 문제인가? 진실한 자료를 모아서 공부하고 상담을 받고 서로의 의견을 구하라. 남편은 성경적 지도자로서 선택을 내려야 한다. 남편이 죄를 권유하지 않는 한, 아내는 순종하며 하나님의 전능하심을 신뢰해야 한다. (잠언 2:3-6, 잠언 12:15, 디모데후서 2:15)

- 서로의 의견을 듣고 쟁점을 해결하기 위한 구체적인 단계를 결정하라.

- 쟁점을 해결하기 위해 적합한 단계를 함께 겪어 나가라.
- 해당 쟁점에 대해 언제 다시 논의해야 할지 결정하라.
- 이 시간을 기도로 마무리하고 사랑을 표현하라.

이러한 해결 과정은 남편과 아내 모두가 겸손하고, 자신을 절제하고, 해결에 집중하도록 격려한다. 특별히 성경적으로 문제를 해결해 나가려는 부부에게 좋은 방법이다. 한 번에 끝나지는 않을 수 있지만, 어떤 문제든지 해결할 수 있도록 도와줄 것이다. 세 번의 시도에도 화합을 이루기 어렵다면, 영적으로 바로 서 있는 부부의 도움을 받는 것도 지혜로운 방법이다. 그들을 통해 해결에 다다르지 못하는 이유에 대해 발견할 수 있을 것이다.

갈등을 피하고 해결하는 과정은 잘못된 습관을 가진 사람들에게 반복적으로 훈련되어 질 것이다. 우리에게 소망이 있는 이유는, 이러한 성장 과정을 이겨낸다면, 그 과정의 열매를 누릴 수 있기 때문이다. 개인적인 차이와 의견의 차이를 극복하고, 하나님의 방법으로 갈등을 해결해 나가다 보면 부부 관계 안에서 사랑과 연합을 경험하고 두 사람 모두가 지혜로 자라날 수 있을 것이다.

> 너희 중에 지혜와 총명이 있는 자가 누구냐 그는 선행으로 말미암아 지혜의 온유함으로 그 행함을 보일지니라 그러나 너희 마음속에 독한 시기와 다툼이 있으면 자랑하지 말라 진리를 거슬러 거짓말하지 말라 이러한 지혜는 위로부터 내려온 것이 아니요 땅 위의 것이요 정욕의 것이요 귀신의 것이니 시기와 다툼이 있는 곳에는 혼란과 모든 악한 일이 있음이라 오직 위로부터 난 지혜는 첫째 성결하고 다음에 화평하고 관용하고 양순하며 긍휼과 선한 열매가 가득하고 편견과 거짓이 없나니 화평하게 하는 자들은 화평으로 심어 의의 열매를 거두느니라 [야고보서 3:13-18]

하나님의 공급하심
GOD'S PROVISIONS FOR MAN

하나님께서는 우리의 필요에 따라 공급하시는 분이시다. 그분은 우리를 구원과 성화, 그리고 영화에 이르도록 하는 길을 만드셨다. 만약 당신이 하나님의 공급하심에 동참한 다면, 당신이 창조된 모습 그대로 살아갈 수 있을 것이다.

1. 구원을 공급하시는 하나님

하나님께서는 예수 그리스도의 육신을 통해 구원자를 주셨다. 놀랍게도 하나님께서는 우리가 지은 죄에 대한 값을 치르기를 원하셨다. 이것은 예수님께서 죄가 없는 삶을 사셨음에도 전능하신 하나님께서 천국과 그분이 받기 합당하신 영광을 떠나 오셨다는 것을 의미한다. 이 세상에서

수치를 참으시고 사람에게 거절당하시며 소름 끼치는 처형을 당하시고 우리의 죄를 담당하시며 아버지께 버림받으시고 우리가 가야 했던 지옥을 견디셨다 (빌립보서 2:6-8). 오직 그리스도만이 우리를 하나님께로 인도하실 수 있는 분이셨다.

> 그리스도께서도 단번에 죄를 위하여 죽으사 의인으로서 불의한 자를 대신하셨으니 이는 우리를 하나님 앞으로 인도하려 하심이라 육체로는 죽임을 당하시고 영으로는 살리심을 받으셨으니 [베드로전서 3:18]

그리스도의 고난과 십자가에서의 거절로 인해 죄를 향한 하나님의 정의로운 분노가 용서를 통해 해결되었다 (로마서 5:9). 이러한 용서는 하나님께서 그리스도의 정의로움으로 우리의 죄를 대신하려 하셨기 때문에 가능했다 (고린도후서 5:21). 이 과정을 이루기 위해서는 구원의 확신이 필요하다. 구원의 확신은 아래와 같은 내용을 포함한다.

- 우리 존재의 진정한 이유와 하나님의 온전하신 뜻은 우리가 그 뜻대로 사는 것이라는 사실을 인정하는 것 (마태복음 16:24-26, 로마서 11:36, 고린도전서 6:20).
- 겸손히 하나님께 나아오고, 하나님께 드릴 것이 아무 것도 없다는 것을 인식하는 것 (야고보서 4:6).
- 죗값을 받아야 하는 상황임에도 하나님의 자비와 용서를 구하는 것 (누가복음 18:9-14).
- 그리스도가 누구이신지를 믿고 그분이 우리의 죄를 감당하심을 믿는 것 (고린도전서 15:3).
- 그리스도께서 죽음을 이기시고 아버지 우편에 앉으셔서 믿는 자들을 심판하심을 믿는 것 (고린도전서 15:4, 빌립보서 2:9-11, 히브리서 7:25).

그리스도께서는 어린아이와 같은 자만이 하나님의 나라에 들어갈 수 있음을 가르치셨다. 우리의 교만을 깨뜨리시는 동시에 주님은 우리의 마음의 태도가 중요함에 대해 말씀하시고 계신 것이다. 어린아이는 겸손한 믿음으로 자신의 위치를 받아들일 줄 안다. 어린아이는 필요가 많기에 어른에게 의존할 수밖에 없다. 우리는 이러한 믿음으로 하나님께 나아가야만 하나님이 주시는 구원이라는 선물을 받을 수 있다.

> 내가 진실로 너희에게 이르노니 누구든지 하나님의 나라를 어린아이와 같이 받들지 않는 자는 결단코 그 곳에 들어가지 못하리라 하시고 [마가복음 10:15]

우리가 정말로 구원받는 믿음에 대해 묵상해본다면, 예수님께서 무리에게 주신 말씀을 이해할 수 있을 것이다.

> 좁은 문으로 들어가라 멸망으로 인도하는 문은 크고 그 길이 넓어 그리로 들어가는 자가 많고 생명으로 인도하는 문은 좁고 길이 협착하여 찾는 자가 적음이라 [마태복음 7:13-14]

우리는 자신을 속이지 않아야 한다. 과거에 했던 기도나 고백은 당신의 구원을 보장하지 않는다. 지금 구원의 확신이 있는가? 지금 믿고 있는가? 순종과 인내를 통해 지속하는 믿음은 당신이 하나님의 자녀임을 보여준다. 그리스도께서는 들을 귀 있는 자들에게 다음과 같이 경고하셨다.

> 나더러 주여 주여 하는 자마다 다 천국에 들어갈 것이 아니요 [마태복음 7:21a]

하나님의 계획 속에서 용서를 받고 동행하는 삶을 한 번도 살아본 적이 없다면, 지금부터 하나님과 대화를 시작해보기를 권면한다. 우리는 받을 자격이 없지만, 오직 하나님이 세상을 창조하신 창조주이심을 고백하며 하나님의 자비를 구하고, 그리스도의 죄사함 위에서 모든 동기, 생각, 말과 행동에 대한 죄를 고백하라. 만약 겸손하게 구원의 확신으로 하나님께 나아온다면, 주님께서는 구원을 주실 것이다.

> 아버지께서 내게 주시는 자는 다 내게로 올 것이요 내게 오는 자는 내가 결코 내쫓지 아니하리라 [요한복음 6:37]

2. 성화를 공급하시는 하나님

구원을 받고 나서 곧바로 우리의 모습이 바뀌는 것은 아니다. 그런 경우는 거의 없다. 하지만, 우리가 전심으로 하나님에게 의존하며 그리스도를 닮아가도록 변화하는 것을 구한다면 (빌립보서 3:12-14, 베드로후서 3:18) 변화는 가능하다. 우리는 복음의 능력으로 인해 순간순간마다 변화한다. 우리는 일상 속에서 그리스도의 삶과 죽음, 우리 안에 계시며 우리를 도우시는 그리스도에 대한 복음의 진리를 기억하며 적용해야 한다.

종종 우리는 변화를 위해 할 수 있는 것이 별로 없다고 생각하지만, 그것은 잘못된 생각이다. 우리가 구원을 받고 난 후부터 하나님께서는 성화의 과정, 또는 성장의 과정을 시작하신다. 하나님은 우리의 성장을 위해 말씀과 성령과 기도와 교회를 공급하신다 (베드로후서 1:2-11). 또한, 하나님께서는 우리가 '경건에 이르도록 자신을 연단'하기를 명하신다. 이것이 무슨 의미인가? 헬라어로 '연단'이라는 뜻을 가진 gumnazo라는 단어는 우리가 아는 체육관(gymnasium)이나 체조(gymnastics) 등의 단어의 어원이다. 결국, 하나님의 도우심을 구하는 기도와 함께 꾸준한 노력을 통하여 그리스도를 닮아갈 수 있음을 의미한다. 우리가 해야 할 일을 하는 동시에 그리스도께서 십자가에서 이루신 일을 기반으로 하나님의 일하심과 언약을 믿어야 한다.

> 너희 안에서 착한 일을 시작하신 이가 그리스도 예수의 날
> 까지 이루실 줄을 우리는 확신하노라 [빌립보서 1:6]

우리가 그리스도인으로서 역할을 다할 때, 하나님께서는 우리의 성장 과정에 함께 하신다. 우리의 역할은 먼저, 우리가 아닌 하나님을 위해 살아가며 사랑하는 데 힘을 쓰는 것이다. 그리스도 안에서 믿음으로 나아가는 사람은 그리스도로 인해 새로운 열정을 얻는다.

그가 모든 사람을 대신하여 죽으심은 살아 있는 자들로 하여금 다시는 그들 자신을 위하여 살지 않고 오직 그들을 대신하여 죽었다가 다시 살아나신 이를 위하여 살게 하려 함이라 [고린도후서 5:15]

우리는 창조주이신 주님 앞에 헌신하며 주님을 기쁘시게 하도록 우리의 존재를 다 해서 노력해야 한다. 우리를 창조하시고 구원하신 하나님을 향한 사랑이 너무나 크기에 주님과의 동행이 이 세상의 무엇보다 중요하다.

변화의 과정에서 하나님께 의존하는 삶은 우리가 하나님의 방법으로 죄를 대한다는 것을 의미하기도 한다. 어떤 사람들은 하나님의 방법으로 죄를 마주하는 것이 단지 죄를 고백하고 용서를 구한다는 것으로 이해한다. 성경에서는 우리의 죄를 마주하는 방법을 보다 구체적이고 실제적으로 설명하고 있다.

우리가 죄를 지었을 때, 하나님은 우리가 이렇게 반응하길 원하신다.

- 하나님께 죄를 고백하고 의로우심으로 변화되길 소망하라 (잠언 28:13, 요한일서 1:9)
- 그리스도 안에서 죄사함을 받으므로 기뻐하라 (마태복음 6:12)
- 변화시키시는 하나님의 은혜를 구하라 (시편 25:4, 요한복음 15:5)
- 하나님께서 세우신 변화를 위한 과정에 따라 회개하라.

a. 말씀으로 마음을 새롭게 하라 (로마서 12:1-2). 말씀은 틀리거나 불완전한 생각을 하나님의 원칙과 언약에 합당한 생각으로 변화시킬 수 있다는 것을 알아야 한다. 우리는 목적을 가지고 우리의 마음을 새롭게 해야 한다.

b. 죄악된 행동들을 내려놓고 의로운 행동을 하라 (에베소서 4:20-24). 삶에 대해 깊이 생각하고 1) 어디서, 어떻게 특정한 죄를 피할 것인지 구체적인 계획을 세우고, 2) 의로운 대안들을 반영할 수 있도록 구체적인 방법을 생각해보라. 진정한 회개는 이러한 행동 없이는 자리를 잡을 수 없다.

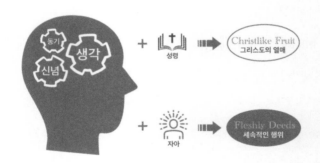

우리는 우리의 마음을 재검토해야 한다. 왜냐하면, 우리의 행동들은 우리의 동기, 생각, 그리고 신념에서 흘러나오기 때문이다. 이는 다음과 같이 그려질 수 있다.

3. 영화로움을 공급하시는 하나님

하나님의 언약은 우리를 죄로부터 자유케 하시고 하나님이 계시는 천국으로 우리를 데려가기로 약속하셨다 (고린도전서 15:50-58). 지금 보이는 삶이 다가 아니라는 것이 얼마나 위대한 소망인가! 세상에서의 짧은 시간은 우리의 삶이 목적이 아니다. 모든 것은 하나님의 사람들과 영원히 함께하기 원하시는 하나님의 위대한 결말을 향해 가고 있다 (요한계시록 21:3,7).

모든 그리스도인은 천국을 향한 생각을 해야 한다 (골로새서 3:1-3, 마태복음 6:33). 우리가 지금의 삶이 천국이 아니라는 사실을 받아들인다면, 우리는 천국을 더욱더 소망하게 될 것이다. 우리가 천국을 소망하고 산다면, 하나님을 기쁘시게 하는 일에 집중하게 되고, 삶의 어려움에 대해 덜 고통받게 될 것이다 (히브리서 11:8-10, 12:1-3). 언젠가 예수님을 직접 대면하여 보게 될 것이라는 사실을 기억한다면, 우리의 삶은 더욱 정결하게 될 것이다 (요한일서 3:2-3). 영원을 향한 관점을 유지하도록 힘쓰며 우리의 모든 소망을 그리스도와 함께하게 될 그 시간에 두어야 할 것이다.

> 그러므로 너희 마음의 허리를 동이고 근신하여 예수 그리스도께서 나타나실 때 너희에게 가져다주실 은혜를 온전히 바랄지어다 [베드로전서 1:13]

죄성인 습관의 변화	
하나님이 없는 죄악된 생각들	감사, 신뢰, 소망의 생각들
이제 더는 못하겠어! (낙담 / 포기)	주님, 지금 이 상황에 대해서 모두 아십니다. 저에게 이 일을 주시고 이겨낼 힘을 주셔서 감사합니다. 저에게 가장 적합한 직장을 제공해 주시기를 기도합니다. (빌립보서 2:14, 4:13)
그냥 혼자 있고 싶어! (이기심)	주님, 지금은 하고 싶지 않지만, 저에게 가족을 주시고 힘을 주심에 감사합니다. 다른 이들을 섬기고 하나님을 섬길 수 있도록 도와주세요(빌립보서 2:3-4).
지금 직장에서 해고되면 어떡하지? (걱정)	하나님, 제가 직장을 잃지 않기를 구하지만, 만약 잃게 되더라도 하나님께서 다시 채워주실 줄 믿습니다. 신실하시고 삶을 다스리시는 주님께 감사하며, 당신만을 신뢰합니다(마태복음 6:25-34).

소통과 갈등 해결

·**초판 1쇄 발행** 2021년 11월 30일

·**지은이** 스튜어드 스캇
·**옮긴이** 황해국
·**펴낸이** 민상기
·**편집장** 이숙희
·**펴낸곳** 도서출판 드림북
·**인쇄소** 예림인쇄 **제책** 예림바운딩
·**총판** 하늘유통(031-947-7777)

·**등록번호** 제 65 호 **등록일자** 2002. 11. 25.
·경기도 양주시 광적면 부흥로 847, 양주테크노시티 422호
·Tel (031)829-7722, Fax(031)829-7723